DE LA POLITIQUE

DE M. MOLÉ ET DE M. THIERS

SUR LA QUESTION

D'ESPAGNE.

IMPRIMERIE DE MADAME POUSSIN, RUE MIGNON, 2.

DE LA POLITIQUE
DE M. MOLÉ ET DE M. THIERS

SUR LA QUESTION

D'ESPAGNE

PAR

JULES DELBOUSQUET.

PARIS,

CHEZ L'AUTEUR, RUE DES BEAUX-ARTS, 5,

ET CHEZ SOUVERAIN, LIBRAIRE-ÉDITEUR,

RUE DES BEAUX-ARTS, 5.

1839.

Voilà bientôt six ans que l'Espagne est en proie aux horreurs de la guerre civile, bientôt six ans que, dans une lutte sans honneur, elle épuise ses ressources, et qu'elle voit couler à flots le sang de ses enfants.

Si du moins on pouvait apercevoir le terme de cette guerre impie ! Mais nulle part on ne voit briller cette audace, cette énergie, cette force de volonté qui assurent la victoire. Un instant les chances ont paru être pour don Carlos : c'est lorsque ce prince est arrivé avec son armée aux portes de Madrid. Une restauration sanglante, avec toutes ses horreurs de vengeance et de réaction, menaçait donc l'Espagne. Eh bien! comme un criminel qui attend l'exécution d'un arrêt auquel il ne peut échapper, l'Espagne voyait de loin l'orage se préparer; elle l'entendait gronder, et pourtant elle restait ensevelie dans la plus dégradante apathie. On eût dit qu'une force invisible tenait ce peuple tout entier prosterné sous le niveau que l'on tenait prêt à passer sur sa tête.

Le peuple espagnol serait-il donc un peuple sans énergie? Mais, dans le siége de Saragosse, n'a-t-il pas donné le spectacle du plus ardent patriotisme, du courage le plus héroïque? et dans combien d'autres circonstances n'a-t-il pas su, par sa patience, par son inébranlable fermeté, commander l'admiration de l'Europe entière?

Serait-ce que don Carlos a toutes les sympathies de l'Espagne, et qu'accablée sous un joug odieux, elle l'attend et le désire comme son libérateur et son maître?

S'il en est ainsi, comment se fait-il que ce prince, depuis plus de cinq ans qu'il fait la guerre, n'ait pu étendre sa domination au-delà des provinces montagneuses de la Navarre et de l'Aragon, et que, dans leurs excursions au cœur

de l'Espagne, ses généraux et lui n'aient pu s'é-
tablir dans aucune place importante ?

Lorsqu'un prince injustement dépossédé de
sa couronne veut la reconquérir, s'il a pour lui
le cœur de ses sujets, s'ils l'attendent et le dé-
sirent, sa victoire n'est pas long-temps incer-
taine. Il peut bien d'abord avoir à courir les
chances de quelques combats; mais bientôt sa
présence soulève les populations, l'enthousiasme
vaut mieux que des armées, et les portes de sa
capitale ne tardent pas à s'ouvrir à son ap-
proche. Nous savons, nous, ce que peut l'enthousiasme; le retour de l'île d'Elbe nous en a
donné un exemple.

Oh! de bonne foi, après la conduite que don
Carlos vient de tenir dernièrement à l'égard de
Maroto, quelles sont les sympathies qu'il peut
éveiller? et n'est-il pas devenu, aux yeux mêmes
de ses partisans, un objet de honte et de mépris ?

D'un autre côté, que dire d'un gouvernement
qui, ayant pour lui toutes les places fortes,
toutes les ressources d'un pouvoir établi, a été,
avec de tels moyens, impuissant à réprimer les
tentatives du Prétendant, lorsque, dès le début,
il n'avait autour de lui qu'une poignée de par-

tisans et d'étrangers? Ce pouvoir n'est donc pas en état, avec les seuls éléments de force jusqu'ici à sa disposition, d'éteindre cette guerre déplorable, de ramener le calme dans les provinces désolées de la malheureuse Espagne. Ce pays aux riches contrées, aux vallées si fertiles, au soleil si fécondant, ce peuple est donc destiné à être indéfiniment la proie de la guerre que se font deux partis également impuissants à la terminer, également impuissants à y asseoir leur autorité.

Dans cet état de choses, l'Espagne doit-elle être abandonnée à elle-même? N'y a-t-il rien à faire? comme l'a dit M. Molé. La politique de ce ministre est-elle la seule bonne, est-elle digne de la France, satisfait-elle à son honneur et à ses intérêts?

Si cette lutte déplorable se passait dans quelque contrée éloignée, si, pour y parvenir, il fallait traverser des pays entiers, une vaste étendue de mer, quelque douloureux que fût ce spectacle pour l'humanité, des vœux, des vœux stériles, c'est là tout ce qu'on pourrait faire; c'est du temps que l'on serait réduit à attendre le remède à ces maux. Mais c'est aux portes de la France que se trouve le théâtre de ces affreux combats; de notre territoire on peut entendre les gémissements des malheureux qu'on égorge, et l'humanité de nos gouvernants ne s'en est pas émue. Ah! ce n'est pas à leur humanité qu'il faut en appeler. A-t-on oublié l'atroce insensibilité avec laquelle fut annoncée la destruction physique et morale de la légion étrangère? Pour les faire sortir de l'état d'égoïsme dans lequel ils se sont enveloppés, c'est d'autres sentiments qu'il faut invoquer. Par sa position, par l'étendue de son territoire, l'Espagne est destinée à peser d'un trop grand poids dans la balance politique de l'Europe pour être négligée comme une province sans importance, et une expérience trop chèrement achetée nous a prouvé qu'elle ne pouvait pas impunément pour nous être étrangère ou hostile à notre politique. Il n'y a rien à faire, dites-vous!... Quoi! lorsque tout s'agite autour de nous, lorsque, sans confiance dans l'état présent, chacun cherche à prendre position contre les chances d'un avenir incertain, la France n'a qu'à se croiser les bras! Est-ce donc impuissance de sa part? Oh! quelle terrible accusation il y aurait à porter contre vous, si, entre vos mains, la France en était venue à ce point.

d'avilissement! Mais non, ce serait calomnier notre pays. La France peut, elle n'a qu'à vouloir. Serait-ce parce que les sentiments de malveillance, qui certes ne nous ont pas été épargnés, auraient pris un autre cours? Oh! que devrait-il être besoin d'annoncer les dangers où cette politique nous entraîne? Ses partisans ont-ils donc des yeux pour ne point voir, des oreilles pour ne point entendre? La joie que font éclater tous les ennemis de notre constitution, à la nouvelle du moindre succès du Prétendant, ne leur dit-elle pas assez haut que le triomphe de don Carlos ne serait que le prélude des tentatives plus audacieuses dont le projet est, depuis long-temps, au fond du cœur de tous les rois de l'Europe? Et qu'on ne s'y méprenne pas, c'est surtout à la puissance de la France qu'ils en veulent; sous quelque forme de gouvernement que ce soit, son territoire est, pour eux, beaucoup trop étendu.

M. Berryer l'a bien compris, comme le feront tous ceux qui, avant tout, quelle que soit leur opinion, veulent la France forte et respectée; il l'a bien compris, lorsque, cette année, dans la discussion de l'adresse, il a félicité M. Thiers de sa persévérance dans son système de politique extérieure. La paix, sans doute, est un grand bienfait, et, lorsqu'elle est honorable et sûre, quel autre qu'un ennemi de son pays pourrait vouloir la troubler? Mais, pour être honorable et sûre, n'est-il pas nécessaire d'être prêt à la guerre? De grands efforts ont été faits pour conserver la paix, il faut le reconnaître. Jusqu'ici, ils n'ont pas été sans succès; mais qui peut espérer qu'il ne surviendra pas quelque circonstance, quelque événement plus fort que tous les plans les mieux combinés? Eh bien! dans le cas de cette guerre, que nous ne pourrons peut-être pas éviter, la carte de l'Europe à la main, nous vous le demandons : l'Espagne n'est-elle pas le point d'appui de l'immense levier que devra mouvoir la main puissante de la France pour soulever le territoire des ennemis ligués contre nous? Il n'y a rien à faire, dites-vous? Oh! non, votre politique n'est pas digne de la France; elle compromet son avenir. Satisfait-elle du moins à ses intérêts matériels du moment? Dans l'état actuel de l'Espagne, les transactions commerciales sont nulles. Une industrie immorale, la contrebande seule, y trouve son compte. Croyez-vous que les cent cinquante millions de produits que l'Espagne, avant la guerre civile, demandait à la France, et qui n'entrent plus aujourd'hui dans sa consommation, croyez-vous qu'ils ne soient pas pour quelque chose dans la crise commerciale qui afflige le pays? Lors des dernières élections, dans une des réunions préparatoires des électeurs du troisième arrondissement de la Seine, on n'a pas manqué de signaler ce fait comme une des causes de cette crise. Et où pouvait-on trouver de meilleurs juges de cette question que dans cette réunion, où l'on comptait tant de fabricants, tant d'hommes versés dans les connaissances commerciales?

De plus, la position des créanciers de l'Espagne ne mérite-t-elle aucun intérêt? C'est sur la foi du traité de la quadruple alliance qu'ils sont venus au secours du gouvernement espagnol. Leurs intérêts, comme représentant une partie de la fortune de la France, ne sont-ils d'aucune valeur? Il y aurait, dans cet oubli, une véritable déception.

Ainsi donc abandonner l'Espagne dans l'état de consomption où elle est, pour ainsi dire au moment de se dissoudre, ne peut qu'être nuisible à nos intérêts; ne rien faire, suivant les paroles et la pensée de M. Molé, n'est pas une politique digne de la France. Il est facile de concevoir que cette politique soit bonne pour les puissances du Nord. Le gouvernement espagnol, en effet, est pour elles un gouvernement révolutionnaire, c'est-à-dire un gouvernement rebelle qui a voulu secouer le joug de la Sainte-Alliance, renier son dogme et ses principes. Le résultat de ses tentatives n'ayant été jusqu'ici pour lui qu'une source de commotions et de misère, elles veulent l'exploiter à leur profit; c'est un argument qu'elles veulent faire valoir. Dans l'état d'épuisement et de désolation où il est réduit, le peuple espagnol est pour elles un peuple au pilori, un épouvantail, une menace qu'elles opposent à tous les peuples qui seraient assez hardis pour concevoir une idée de changement, pour oser parler de liberté.

Mais justement, si c'est pour elles un bon argument, c'en est un mauvais pour nous, à moins qu'il n'y ait entre elles et des ennemis cachés de notre constitution un accord secret, des projets que l'avenir est chargé de nous révéler.

Si l'Espagne, abandonnée à elle-même, n'est pas en état de mettre fin à la guerre civile qui la dévore, il est urgent d'examiner quels sont les moyens d'y parvenir. Suivant M. Molé, il n'y a rien à faire; c'est-à-dire que le triomphe du principe constitutionnel en Espagne lui est indifférent, si même il n'a pas pour don Carlos une secrète prédilection. Il a bien rétracté son fameux jamais; sa conduite politique a fait connaître le fond de sa pensée, et nous croyons avoir démontré combien elle est funeste pour la France.

A côté de l'opinion de cet ex-ministre s'en trouve une autre qui, quoique différente peut-être sous le rapport du résultat qu'elle désire et qu'elle espère, n'en diffère pourtant pas dans la marche à suivre; celle-ci a encore pour devise, il n'y a rien à faire. Quel est donc son moyen de salut pour l'Espagne? Son salut, elle l'attend de la coopération d'un de ces hommes extraordinaires, comme souvent on en a vu apparaître chez les divers peuples à l'époque de leurs révolutions. On reconnaît ici les partisans de la doctrine des hommes nécessaires. On a tellement fait abus depuis quelque temps de ce prétendu système, que nous croyons devoir saisir cette occasion de le discuter et de le combattre.

Au milieu des luttes que déterminent leurs mouvements de progrès et de réorganisation politique et sociale, les peuples ne pourraient manquer de succomber, et pour ainsi dire de se dissoudre, sans le concours de quelques êtres privilégiés par la puissance de leur intelligence et de leur énergie que la Providence tient en réserve pour ces grands jours de crise. Tel est le langage des partisans de la doctrine des hommes nécessaires. L'histoire des révolutions de tous les peuples nous apprend, il est vrai, qu'on voit apparaître sur la scène, à ces grandes époques, des hommes remarquables par leur audace et leurs talents, qui, portés par les événements à la tête du mouvement qui s'opère, ne finissent que trop souvent par établir un pouvoir despotique.

A Dieu ne plaise que nous cherchions à diminuer le respect et à refroidir l'admiration que l'on doit aux grands hommes; mais cette doctrine des hommes nécessaires, en affaiblissant l'idée qu'un peuple doit avoir de sa puis-

sance, ne tendrait-elle pas à le mettre à la disposition du despote habile dont les services et
les talents l'auraient aidé dans le triomphe de
sa cause, et en qui il aurait appris à avoir plus
de confiance qu'en lui-même ?

Quelle que soit la puissance de ces hommes,
n'est-ce pas plutôt aux circonstances au milieu
desquelles ils apparaissent, qu'à la force de
leur génie qu'ils doivent leur élévation ? Est-il
vrai qu'ils sont les envoyés d'un être suprême
destinés à diriger les peuples, et tellement nécessaires à leur salut, que, sans eux, il n'y aurait qu'à périr ?

Loin de nous la pensée de contester l'influence du génie de ces hommes supérieurs
dans les progrès de l'esprit humain, et l'effica-
cité de leur action dans les travaux d'une révolution. Mais n'est-il pas quelque chose de plus
puissant encore, c'est-à-dire la force de volonté
de tout un peuple qui marche avec ensemble et
conviction vers un but déterminé ? Car, inflexi-
ble dans sa logique, est-il fortement convaincu
de la légitimité d'un droit, de la vérité d'un principe, il ne recule pas devant les conséquences, et
lorsqu'il s'avance à la conquête de ce droit,

quel est l'homme, quel est l'obstacle qui pourrait l'arrêter? On viendra peut-être nous opposer un exemple contemporain, et dire que Napoléon l'a bien pu. On doit remarquer qu'à l'époque où ce grand homme voulut fonder sa domination, le peuple, épuisé par les sacrifices et les efforts inouis qu'avait exigés la lutte terrible qu'il venait de soutenir contre tous les rois de l'Europe ligués contre nous, était pour ainsi dire au repos. D'ailleurs le principe pour lequel il avait combattu était triomphant; et puis, ce rusé conquérant, n'a-t-il pas eu soin, pendant tout le cours de son règne, de le tenir continuellement en haleine et de l'empêcher de poursuivre la liberté en le faisant courir après la gloire des combats!

Si nous parcourons les annales de l'histoire, nous y verrons que les révolutions, quelque beaux, quelque grands qu'aient été leurs résultats, n'ont jamais pu s'accomplir sans des secousses plus ou moins violentes. Une révolution, en effet, est une lutte entre les intérêts que représentent deux principes contraires, lutte acharnée où se rencontrent les passions les plus exaltées, où le parti vainqueur célèbre souvent sa victoire par des excès de vengeance.

Ce n'est pas seulement dans le pays où elle s'opère qu'elle trouve des adversaires, elle a encore pour ennemis dans les pays voisins les partisans du principe qu'elle combat. Ceux-ci, craignant de voir s'étendre jusque chez eux les conséquences de son triomphe, se joignent aux premiers pour l'arrêter dans sa marche. Ainsi la guerre en révolution se présente presque toujours avec le double caractère de guerre civile et de guerre étrangère. C'est alors que le peuple, entré dans les voies révolutionnaires avec la fermeté de la conviction, développe cette indomptable énergie qu'exalte la grandeur du péril, que la résistance exaspère et qu'ensanglante souvent la vengeance, parce que le passé se présente à lui avec ses souvenirs de torture et de misère, lorsque dans le vaincu il voit son ancien oppresseur. Cependant, fatigué par les efforts continuels qu'il lui faut déployer dans le cours de cette lutte, épuisé par les sacrifices de tout genre qu'a réclamés la patrie menacée, lorsque le danger, devenu moins imminent, lui permet de jeter un regard en arrière; consterné à la vue des débris épars autour de lui et de ce bouleversement où sont venus s'engloutir tant de monuments, naguère l'objet de son respect, il arrive un moment où il s'arrête comme effrayé de son ouvrage.

Si, dans ces circonstances terribles pour un esprit faible, favorables au contraire pour les grandes âmes dont les dangers peuvent développer les ressources et faire apprécier le génie, se présente un homme dont la fermeté impose aux factions, dont la gloire excite l'enthousiasme, dont les services et les talents inspirent la confiance et l'admiration, on se presse autour de lui, on le proclame, on l'accepte comme l'homme nécessaire de l'époque, c'est-à-dire qu'ayant mis en lui tout son espoir, on se met tout entier à sa discrétion en le prenant pour guide et pour drapeau; car, en vertu du principe de la nécessité qui vient de l'élever, il n'est d'autre obstacle à son ambition que les bornes que sa vertu voudra bien y mettre. Et quelle garantie? lorsque tous les jours l'amour du pouvoir augmente dans son cœur, et que tous les jours sa puissance fait un pas jusqu'à ce qu'enfin il se croie assez fort pour donner et faire reconnaître sa pensée pour règle et imposer sa volonté pour loi. Ce peuple s'aperçoit bientôt qu'il s'est donné un maître, mais c'est l'homme de son choix; ira-t-il le renverser? Souvent même il sort de ses rangs, et son orgueil en est flatté. D'ailleurs après une grande commotion vient toujours un grand calme, à l'exaltation succède l'indifférence, l'esprit se fatigue comme le corps ; ainsi le besoin de repos fait souvent supporter le despotisme que protège encore la crainte de courir les chances d'un avenir incertain. Si encore ce peuple qui, se défiant de ses forces, s'est jeté dans les bras du maître qui vient de l'asservir, ne dégénerait point dans ce sommeil de son énergie. Mais se trouvera-t-il prêt pour ces crises où la puissance d'un homme ne peut suffire, où il ne faut rien moins que la force de volonté de tout un peuple? Cette force, la retrouvera-t-il? Les ressorts n'en auront-ils pas été usés par ce maître qu'il s'est donné? Accoutumé à se laisser guider par son étoile, ne s'égarera-t-il pas si elle vient à pâlir? Malheur au peuple qui, poursuivant la conquête de sa liberté à travers les périls d'une révolution, se laisse éblouir par les services et les talents d'un homme en qui il met tout son espoir et auquel il se livre comme au seul capable de terminer son ouvrage! S'il n'a pas assez d'énergie pour asseoir et consacrer lui-même ses

droits, comment en aura-t-il assez plus tard
pour les réclamer et les défendre s'ils viennent
à être attaqués ? Ce n'est pas qu'il doive re-
jeter le concours de ces hommes supérieurs;
qu'il s'en serve au contraire pour travailler au
triomphe de sa cause; mais qu'il se garde bien
de l'acheter au prix de sa liberté.

Ce serait avouer son impuissance, frapper
de stérilité le principe dont il a voulu le triomphe, et ouvrir la porte à cette nuée d'intrigants,
misérable cortége qu'on voit toujours se traîner
à la suite des révolutions. Arrière ces parasites
impudents, toujours prêts à s'asseoir au banquet
de tous les gouvernements! arrière ces frelons
politiques qui viennent recueillir le fruit d'un
travail auquel ils n'ont point coopéré! Le principe des révolutions succombe bien moins
faute de talent que faute de conviction. Qu'on
sache bien que les hommes ne manquent jamais à un peuple en mouvement de progrès;
chaque événement amène les siens. Si cette
pénurie apparente se manifeste quelquefois,
c'est lorsque, infidèle au principe qui vient de
triompher, on écarte ses véritables représen-
tants, et qu'on les déclare impossibles. A la

place des hommes forts de leur position et de leur conviction, on appelle le concours d'une classe de prétendus habiles, de gens à expédients, d'hommes déjà usés au service d'un système qui n'est plus; triste appui, misérable secours que celui d'auxiliaires flétris du titre de renégats. Certes s'il fut une époque où l'on pouvait craindre de manquer d'hommes, c'était au commencement de la grande révolution française. A la tête des armées, on n'avait vu jusqu'alors que la noblesse, on en écartait avec soin tous ceux qui n'avaient point le privilége de la naissance; la noblesse émigra, l'armée était sans chefs, et l'Europe entière se levait contre nous. Eh bien! ne vit-on pas surgir dans tous les rangs une foule de guerriers intrépides, d'habiles généraux qui ont enrichi nos fastes militaires des faits d'armes les plus brillants? A quelle époque vit-on des orateurs plus éloquents, des hommes d'état plus consommés? N'est-ce pas la révolution qui les improvisa, pour ainsi dire, puisque sans elle ils seraient pour toujours restés ensevelis dans l'obscurité à laquelle leur naissance les aurait condamnés? Non, non, il n'y a pas d'hommes nécessaires. Dans l'esprit de ceux qui proclament ce principe, s'il n'y a pas une grave erreur, il y a une pensée cachée de tyrannie. Et il tombera infailliblement sous le despotisme le peuple qui, au milieu des travaux d'une révolution, avant qu'il ait assuré la conquête de ses droits, a le malheur d'accepter un homme comme une nécessité, quelques garanties qu'il croie trouver en lui. Notre histoire nous fournit l'exemple de cette vérité, le plus éclatant à la fois et par la gravité des circonstances et par le génie du despote qui a su les exploiter.

Cet homme, aussi grand par ses exploits militaires que par ses talents politiques, qu'on a faussement appelé le ravisseur du trône des Bourbons, puisque les Bourbons étaient sans trône et sans pouvoir lorsqu'il commença sa carrière, et qui n'en fut pas moins un usurpateur, pour avoir ravi au peuple le pouvoir qui émane de lui; cet homme, dont l'esprit vaste et profond, capable de concevoir et d'exécuter les plus grands projets, était dominé par la passion du commandement, d'un coup d'œil et d'un sang-froid imperturbable au milieu des périls, possédant au suprême degré l'art si précieux et si rare d'électriser par quelques paroles, par un souvenir, par un regard, le courage de ses soldats; cet homme, dont l'âme d'une trempe à ne pouvoir rester en repos était sans cesse préoccupée par l'idée de quelque grand projet, qu'un air sombre et méditatif suivait jusque dans les plaisirs, et qui, au milieu des festins, semblait ne rêver qu'à des trônes et à des empires; cet homme, qui changea la face de l'Europe et fit trembler l'univers, dont le souvenir fait encore pâlir les rois, tandis qu'il arrache des larmes aux compagnons de ses victoires ; cet homme, toute la terre le connaît, s'appelait Napoléon Buonaparte. Il avait atteint vingt-cinq ans, sans que rien eût encore annoncé le grand homme qui devait bientôt remplir l'univers de son nom. Ses talents, en effet, ne devaient point être le seul instrument de son élévation. Et combien de célébrités n'ont dû toute leur gloire qu'aux circonstances favorables au milieu desquelles elles ont apparu! Napoléon sans doute, à quelque époque que ce fût, ne devait point être un homme ordinaire; mais s'il était arrivé un siècle plus tôt ou un siècle plus tard, suivant la carrière qu'il aurait parcourue, on l'aurait vu l'émule de Turenne, ou peut-être un autre Newton. Son bonheur le fit arriver à point nommé, et son génie acheva ce qu'avait commencé la fortune.

Nous ne le suivrons pas dans les phases si prodigieuses de sa carrière gigantesque. Personne n'ignore qu'après avoir ébloui la nation par l'éclat de sa gloire militaire, cet enfant de la révolution renversa l'autel de la liberté à qui il devait son existence et son renom. On l'a vu pendant quinze ans régner avec éclat sur la France, bouleverser l'Europe, détruire et créer des empires, faire et défaire des rois au gré de ses caprices et les tenir tous à ses pieds. Mais son étoile vint à pâlir, et cet homme extraordinaire tomba sous les efforts réunis de vingt peuples divers que seconda la trahison. On le vit un instant se relever comme la foudre; la fortune ne le soutenait plus, et lui, que l'Europe entière n'avait pu contenir, alla mourir sur un rocher désert.

Ce qu'il nous importe surtout d'examiner ici, c'est l'attitude de la nation dans les derniers instants de la lutte de Napoléon contre tous les rois de l'Europe. La nation, elle attendait avec anxiété le dénoûment, mais sans se mettre en scène. Où est l'empereur? Que fait l'empereur? se demandait-on avec inquiétude. C'était de son maître et non de lui que le peuple attendait la victoire.

Oh! comme il était plus beau, combien il était plus grand dans les crises de la grande révolution, alors que, comptant sur lui seul, n'ayant de confiance qu'en son énergie, il s'élançait avec impétuosité contre ses ennemis! Les rois de l'Europe menaçaient-ils nos frontières, soudain le canon d'alarme se faisait entendre à Paris, d'échos en échos il se répétait jusqu'au fond des provinces les plus éloignées. Dans les villes, dans les bourgs, dans les hameaux, le cri aux armes se faisait entendre, et la France était prête à marcher comme un seul homme. La France a-t-elle jamais été plus près de sa perte qu'à cette époque terrible de notre histoire, où l'audace et l'énergie du patriotisme le plus exalté pouvaient seuls sauver la patrie? Trop faibles pour tant d'énergie, trop timides pour tant d'audace, les Girondins venaient d'expier sur l'échafaud le tort d'avoir eu plus d'éloquence et de vertu que d'énergie dans leurs actions. Car, dans ces terribles luttes, malheur à ceux qui n'étaient pas les plus forts. C'était la victoire ou la mort.

La chute des Girondins avait fait soulever

les provinces de l'ouest et du midi. Au milieu de cette effroyable guerre civile, lorsque les ressources de l'Etat étaient épuisées, comment résister à l'invasion qui nous menaçait de toutes parts ? Nos ennemis, dans la joie de leur triomphe dont ils ne croyaient pas pouvoir douter, se partageaient déjà nos provinces. Au moment où il semblait qu'il n'y avait plus qu'à attendre le coup qui allait nous frapper, la Convention décrète la levée de douze cent mille hommes ; quatorze armées surgissent comme par enchantement, et ces légions de héros, partout triomphantes, font flotter les trois couleurs à la face des rois conjurés contre nous.

A la fin du règne de Napoléon, c'étaient pourtant les mêmes ennemis ; comment donc le même enthousiasme ne s'est-il pas réveillé ? C'est qu'un homme, par le prestige de sa gloire, peut bien électriser une armée et la fanatiser au point de se faire écraser sous ses yeux, tandis qu'un peuple ne se lève et ne se précipite au combat qu'au nom d'un principe ; et l'époque n'était plus où un homme pouvait dire : l'Etat, c'est moi.

Nous ne prétendons certainement pas que

dans l'état d'anarchie et d'épuisement où elle se consume, l'Espagne devrait refuser le concours d'un Napoléon. Nous ne dirons jamais : périssent les colonies plutôt qu'un principe. Il faut avant tout que l'Espagne soit sauvée, et, pour obtenir ce résultat, dût-il être porté quelque atteinte à la liberté, nous l'accepterions à ce prix. Oui, plutôt un despotisme momentané qui ramènerait l'ordre et le calme dans ce malheureux pays, que l'anarchie et la guerre civile qui la dévorent. Car, avant de songer à décorer et à embellir sa maison, il faut l'empêcher de s'écrouler. Mais nous avons voulu protester contre cette doctrine des hommes nécessaires qui semble avoir cours depuis quelque temps. Nous avons reconnu là une pensée fausse, funeste et peut-être coupable ; nous avons voulu la combattre.

Nous dirons maintenant à ceux qui, pour le salut de l'Espagne, comptent sur le concours de l'un de ces hommes qu'ils appellent nécessaires, où est-il votre héros ? de quelle gloire est-il environné pour électriser les masses, pour les appeler à lui ? Ce n'est pas qu'il n'y ait en Espagne des hommes forts, généreux, pleins de dévouement ; mais pour qu'il y surgisse un homme capable de cette haute mission, les éléments manquent, les circonstances ne s'y prêtent point. Car si Napoléon ne s'était présenté à la nation française qu'avec les trophées de nos guerres civiles, s'il n'avait cueilli ses lauriers que dans la Vendée, il n'aurait pas excité cet enthousiasme qui lui fit pardonner son usurpation et le maintint sur son trône.... Les victoires dans les guerres civiles ne sont point des victoires nationales, on ne les célèbre que le deuil dans le cœur, et lorsque le calme est rétabli, on voudrait pouvoir en effacer le souvenir, on voudrait ne pas les voir inscrites dans les annales de l'histoire. C'est à Arcole, à Marengo, aux Pyramides que Napoléon cueillit les lauriers dont plus tard il tressa la couronne impériale. Il pouvait avec orgueil faire briller son épée victorieuse, elle n'était teinte que du sang des ennemis qui avaient menacé nos frontières, qu'il avait refoulés sur leur territoire et vaincus jusqu'au sein de leurs capitales. En Espagne, au contraire, le vainqueur ne pourrait la montrer que teinte du sang espagnol, du sang de ses concitoyens. Et ce n'est pas avec de pareils trophées qu'on électrise les masses et qu'on les appelle à soi.

Il faut donc, pour sauver l'Espagne, quelque chose de plus efficace, de plus immédiat; et nous voici enfin arrivés à examiner le système du mouvement révolutionnaire et celui de l'intervention.

Préoccupés des souvenirs de la révolution française et des ressorts qu'elle mit en œuvre pour triompher de ses ennemis, les partisans les plus avancés de l'opinion libérale voudraient voir renouveler en Espagne les moyens énergiques qui sauvèrent la France de l'invasion étrangère et consolidèrent le principe de sa révolution; et, certes, nous ne leur ferons pas ici l'injure de croire qu'au nombre de ces moyens doivent être comptées les mesures atroces qui firent couler tant de sang, et firent reculer d'horreur les vrais amis de la liberté.

Est-ce au profit de la reine Isabelle que l'Espagne doit être sacrifiée? Pour eux, la question n'est pas là. Le triomphe des idées libérales, voilà quel est leur but; et, une fois lancé dans les voies révolutionnaires, ils ne doutent pas que le peuple espagnol ne parvienne seul à renverser tous les obstacles, et qu'il ne sache ensuite faire le choix qui satisfera le mieux ses intérêts.

Conséquents avec leurs principes, ils ont accusé la Restauration d'avoir eu l'appui des baïonnettes étrangères; ils ont condamné l'intervention de 1823; ils se sont également élevés contre l'intention que manifesta le gouvernement français, au commencement de la lutte actuelle, d'envoyer des troupes contre don Carlos; et s'ils se plaignent aujourd'hui, c'est qu'on se soit plutôt étudié à comprimer l'élan révolutionnaire qu'à lui laisser son libre cours. Ils vont même jusqu'à rendre le gouvernement français responsable des désordres qui affligent l'Espagne et de l'abattement où elle est tombée. La révolution française enfin, ayant dû son triomphe à l'enthousiasme qu'elle sut inspirer, à l'énergie qu'elle sut développer, à son audace et à son impétuosité contre ses ennemis, ils ne reconnaissaient pas pour l'Espagne d'autre moyen de sortir de l'affreux chaos où elle est plongée. Il faut, selon eux, soulever et révolutionner les masses.

Mais, leur demanderons-nous, les circonstances sont-elles les mêmes? Lorsque la révolution de 89 éclata, elle fut accueillie avec enthousiasme. La nation était préparée de longue main. La noblesse elle-même, qui allait voir disparaître sa puissance, ne recula point d'abord devant les sacrifices, tant les besoins de l'époque se faisaient sentir, tellement ils étaient compris ; et cette nuit mémorable, où elle fit l'abandon de ses priviléges, fait une des plus belles pages de notre histoire.

Les choses ne sont pas les mêmes en Espagne ; nous ne voulons certainement pas dire que ce pays n'est pas fait pour un gouvernement constitutionnel; que ses mœurs et ses croyances y répugnent, comme certains publicistes l'ont avancé. Loin de nous cette pensée. Toutefois, on ne saurait nier que l'éducation politique du peuple espagnol est fort arriérée, et qu'il se ressent encore de l'influence du gouvernement absolu et monacal qui pesait naguère sur lui, et dont l'action surtout se faisait sentir sur les classes inférieures. Aussi ne voyons-nous pas là un peuple, fortement convaincu de ses droits, marcher avec ensemble et résolution vers un but déterminé. S'il en était ainsi, l'Espagne ne serait pas aujourd'hui divisée en deux partis dont aucun n'est assez fort pour vaincre avec ses seules ressources. Si la révolution espagnole s'opérait dans les mêmes conditions que celle de 89, ce n'est pas la malveillance des cours du nord et l'indifférence du gouvernement français qui l'auraient arrêtée dans sa marche; car, nous le répéterons ici, lorsqu'un peuple fortement convaincu de la réalité d'un droit veut le conquérir, et qu'il s'avance à sa conquête avec ensemble et énergie, de pareils obstacles ne sont pas capables de l'arrêter.

Il ne faut pas se dissimuler que la révolution française se présente avec un caractère et s'est accomplie dans des circonstances dont l'histoire ne nous fournit aucun exemple, et qu'on ne verra plus se reproduire. Comparons-la, en effet, à la révolution d'Angleterre. Les droits et les intérêts du peuple anglais furent seuls le mobile de celle-ci. La révolution française eut une origine plus grande, plus élevée; elle ne se fit pas seulement au nom des droits du peuple français, elle s'accomplit au nom des droits de l'homme. L'une fut locale, elle n'avait pour but que l'émancipation d'une nation; l'autre avait une portée immense, elle avait pour but l'émancipation de tous les peuples. Aussi, les conséquences de la première ne dépassèrent pas les bords de la Grande-Bretagne ; elle n'eut pas d'échos en Europe ; les rois absolus ne se virent pas menacés par elle, on les vit même briguer son alliance, et des soldats de Cromwel étaient les alliés de Louis XIV à la bataille des Dunes.

Le mouvement de la révolution française, au contraire, fut universel. Elle fit trembler les trônes jusque dans leurs fondements. Les rois absolus ne s'y méprirent pas ; ils reconnurent là leur ennemi, et se réunirent tous pour lui faire une guerre à mort. Après les premiers moments d'étonnement et de stupeur, les peuples ne tardèrent pas à comprendre qu'elle avait confondu leur cause avec la sienne ; et, quand ils se réveillent au cri de liberté, c'est toujours vers la France qu'ils tournent leurs regards, ce sont des enfants qui en appellent à leur mère.

Dans le grand œuvre de régénération politique et sociale commencée en 89, le rôle de la France fut de préparer les voies, d'asseoir les bases, de proclamer le principe. Pour accomplir sa mission, elle n'eut que le secours de son enthousiasme, de son énergie ; pour vaincre ses ennemis, il lui fallut de l'audace, encore de l'audace et toujours de l'audace. Dans cette lutte, tout était extraordinaire : le nombre, l'acharnement de ses ennemis qui l'environnaient de toutes parts et l'immensité du résultat; car la France devait cesser d'exister comme nation, si elle eût été vaincue.

Pour aucun des peuples qui suivront le mouvement, les circonstances ne peuvent se présenter aussi terribles. Le principe a triomphé, c'est pour eux un appui moral; leur cause n'est plus isolée, et il est de l'intérêt de tous les gouvernements qui les ont précédés dans cette voie de les seconder de leur influence et de leurs sympahies. On conçoit, dès lors, facilement qu'il n'y ait pas pour eux nécessité de déployer le même degré d'énergie, les mêmes efforts que la France, qui était sans appui, seule contre tous. Nulle part ne se rencontrera désormais la même résistance. L'Europe entière a été sillonnée dans tous les sens par nos armées, et les souvenirs qu'elles ont laissés sur ce sol fertilisé par leur sang augmentent tous les jours le nombre des amis du progrès. Ce sont des germes dont rien ne pourra empêcher le développement.

Il faut seulement ne pas se tromper sur l'é-

poque de leur maturité, de peur de compromettre, par une précipitation imprudente, la
réussite d'une cause qui ne s'obtient qu'à la
condition d'y travailler à propos. C'est ainsi que
nous nous expliquons en grande partie le peu
de succès et les embarras de la révolution espagnole. Jetons, en effet, les yeux sur ce qui
se passe dans ce malheureux pays. Il y a là aux
prises deux partis, non pas égaux, sans doute,
mais tous deux impuissants à terminer la lutte,
quoique assez puissants, l'un et l'autre, pour la
perpétuer ; et le caractère de ses habitants, la
configuration de son territoire ne se prêtent
que trop à la guerre civile qui le dévore. Ici les
principaux obstacles viennent de l'intérieur. A
l'époque de la révolution française, c'est aux
frontières qu'étaient ses ennemis, et des ennemis acharnés qui avaient juré la destruction de
la France. Dans le sein du pays, elle comptait
bien des adversaires nombreux qu'il fallait combattre avec vigueur, mais l'immense majorité
était pour elle, c'est au dehors qu'était le danger. Tout ce que l'enthousiasme a de plus
exalté, tout ce que le patriotisme peut inspirer
de plus hardi, tout le dévouement, toute l'é-
nergie dont est susceptible le cœur de l'homme,

il ne fallait rien moins que toutes ces ressources devant un si grand péril. A Dieu ne plaise que nous cherchions à excuser et à défendre les crimes de cette époque! Mais, pour échapper à l'horreur d'une invasion comme celle qui menaçait la France, le plus grand fléau qui puisse affliger une nation, alors qu'il était nécessaire d'exciter, d'enflammer les passions, on peut croire que, dans le délire de l'enthousiasme et du danger, le cœur et la main ont pu s'égarer, et que la solennité des circonstances faisait jeter un voile sur des mesures que dans tout autre moment on eût justement réprouvées et punies. Pour la patrie en deuil, il y avait ensuite une consolation à toutes ses douleurs; elle n'avait qu'à jeter les yeux à la frontière, et là, fière du triomphe de ses enfants, elle pouvait avec orgueil relever son front cicatrisé. Le spectacle de l'Espagne n'offre rien de semblable. L'étranger prêt à l'envahir n'est pas à ses portes; il n'y a pas cette grandeur de péril qui enflamme les passions et exalte l'enthousiasme; rien de ce qui peut couvrir de quelque excuse les excès dont elle est le théâtre. On n'y voit que les horreurs de la guerre civile, incendies, massacres, hideuses représailles, le sang coulant à flots après le combat.

Dans un pareil état de choses, provoquer dans ce malheureux pays l'énergie des mesures révolutionnaires, n'amènerait pour tout résultat qu'une recrudescence de fureur et de vengeance. Pour que ces mouvements aient de la grandeur, qu'ils inspirent de l'intérêt, il les faut spontanés et unanimes, et ce pays est divisé. La lutte, en Espagne, en est venue à ce point où les deux partis, quoique également fatigués de l'état de guerre, sont animés d'un tel esprit de haine, qu'ils ne peuvent consentir à déposer les armes, à moins que l'intervention d'un tiers puissant et qui leur inspire confiance ne vienne garantir les conditions de l'armistice et sauver les apparences d'une défaite.

Nous voici arrivés, nous le savons, au moment le plus critique, le plus délicat de notre discussion. Pourquoi? C'est que, sur cette malheureuse affaire d'Espagne, on ne s'est jamais abordé franchement. Nous nous trompons, car il faut rendre justice à chacun. Un homme a posé franchement la question; il l'a posée en homme d'état qui a un système, une volonté, mais en homme d'état fidèle aux principes de la révolution de juillet : cet homme est M. Thiers. Oui, il faisait beau le voir l'année dernière dans la discussion de l'adresse, la conviction lui sortant par tous les pores, déployer toutes les ressources de l'éloquence pour faire triompher son opinion ; il ne put y réussir, et se retira de la lutte, épuisé, mais non vaincu ; c'est que, pour le combattre, on a dénaturé son opinion, on l'a calomniée ; car ses adversaires savaient bien que s'ils l'avaient suivi sur le véritable terrain de la question, ils y auraient été vaincus.

Comme il n'a sans doute échappé à personne que c'est au profit de la reine Isabelle que nous voulons l'intervention, on nous demandera peut-être si nous ne tenons aucun compte du droit de don Carlos, et si nous prétendons trancher toutes les questions par la force. Nous pourrions dire, d'abord, qu'il existe aujourd'hui un droit reconnu et proclamé, plus fort que tous ceux qu'on pourrait invoquer en faveur de don Carlos, celui de la souveraineté nationale. Les populations qui se sont déclarées contre lui n'ont pas été assez puissantes, il est vrai, pour l'expulser, mais enfin le gouvernement de la reine siége à Madrid. Quoique faible, il fonctionne dans presque toutes les provinces, qui toutes envoient leurs députés aux Cortès, et il a été reconnu par plusieurs puissances. Don Carlos n'a été reconnu par aucune, et il en est réduit à errer de province en province. Toutefois, pour que l'on ne dise pas que nous avons répondu par une fin de non recevoir, nous renverrons au Mémoire qu'a publié dernièrement un ancien ministre de Ferdinand, et où il prouve victorieusement que le droit d'hérédité est du côté de la reine.

On nous demandera encore si ce n'est pas nous montrer inconséquents avec nous-mêmes, avec les principes que nous avons proclamés plus haut, que de vouloir intervenir dans l'intérêt de notre opinion chez un peuple dont les partisans de cette opinion n'ont pas été assez puissants pour la faire triompher. Nous ne craindrons pas de répondre que nous eussions mieux aimé, sans doute, que le peuple espagnol n'eût pas besoin de secours étrangers, ou que même il eût été préférable qu'il attendît, pour se lancer dans les travaux d'une révolution, que les esprits fussent mieux préparés, mais le mouvement a eu lieu, on ne peut songer à le comprimer, et le *statu quo* n'étant plus possible, il est nécessaire, pour arriver à une solution, de s'arrêter au moyen le plus en harmonie avec les intérêts de l'Espagne et ceux de la France.

Eh quoi! pensez-vous que la France ira se jeter dans une entreprise où il lui faudrait sacrifier cent mille hommes et des centaines de millions? Nous devions à coup sûr nous attendre aux objections d'une classe d'hommes qui espèrent que la France en est venue à ce point, qu'il suffit de présenter la question sous le point de vue d'une affaire d'argent pour la faire reculer. Poser ainsi la question de prime-abord, c'est ne pas vouloir la discuter, c'est ne pas vouloir la résoudre. On commence par effrayer le pays, par le prévenir contre les intentions de ceux qui ne veulent pas laisser périr la révolution espagnole, afin de pouvoir les vaincre sans combat. Il ne s'agit pas de parler de cent mille hommes et de centaines de millions; dans tous les cas, nous avons meilleure opinion de la France, nous sommes convaincus que si son honneur demandait ce sacrifice, elle ne reculerait point, et qu'elle saurait même s'en imposer de plus grands. Il s'agit de faire comprendre au pays qu'il y a danger et honte pour lui à laisser plus long-temps l'Espagne dans l'état de consomption où elle est pour ainsi dire au moment de se dissoudre ; que pour lui le triomphe de don Carlos serait une défaite qui pourrait avoir les plus fatales conséquences. Il s'agit de lui prouver surtout que jusqu'ici, et particulièrement sous le dernier ministère, on n'a rien voulu sérieusement et avec énergie en faveur de la reine, et que les sympathies même étaient pour don Carlos.

Avant d'aller plus loin, il faut faire voir d'où viennent les véritables obstacles, car il y a ici de la malveillance à dévoiler, des calculs perfides à déjouer.

La grande révolution politique et sociale commencée en 89 n'est sans doute pas encore terminée. Cependant que les esprits timides se rassurent. Ce qui reste à faire n'est plus une œuvre de destruction. Tout ce qu'il y avait à détruire a été détruit. La hache même n'a que trop frappé, car, panégyristes exaltés de la révolution, il ne faut pas qu'aveuglés par l'esprit de parti, nous prenions pour une juste et sage admiration le délire de l'enthousiasme, et qu'en proclamant ses bienfaits, nous refusions de reconnaître et de déplorer ses excès et ses crimes. Toutefois, ce passé déjà loin de nous ne doit plus nous effrayer de ses lugubres souvenirs ; l'arbre de la liberté, il est vrai, n'a été planté qu'au milieu des orages ; mais ce n'est pas à nous, qui pouvons trouver un abri à l'ombre de ses rameaux bienfaisants, ce n'est pas à nous de nous plaindre. Il ne s'agit plus d'ailleurs aujourd'hui que d'achever l'édifice social destiné à remplacer celui que nos pères ont renversé, et les matériaux qui doivent y servir, dispersés sur le sol, n'attendent que des mains intelligentes qui sachent les réunir, les disposer et les coordonner.

Après que la révolution de juillet eut réduit en poudre le trône de Charles X et condamné à l'exil la branche aînée des Bourbons, le moment paraissait favorable pour mettre la main à l'œuvre. Les rois de l'Europe, consternés de la rapidité de notre victoire ; et d'une victoire pure de toute souillure, ne voyant pas sans effroi les peuples soumis à leur domination manifester leur sympathie pour le triomphe de notre cause, étaient impuissants contre nous. La nation, pleine d'enthousiasme, attendait avec confiance la réalisation de ces idées que les coryphées du parti libéral lui avaient annoncées.

comme le remède à ses maux et le commencement d'une ère de bonheur. Elle n'eût alors reculé devant aucun sacrifice, car l'espérance était dans tous les cœurs. Rien enfin n'empêchait de renouer la chaîne des temps dont 89 est le premier anneau et qu'avaient interrompue le despotisme de l'empire et l'hypocrisie de la restauration.

Mais, depuis 1815, il y avait eu autant d'hypocrisie dans l'attaque que dans la défense. Si le parti ultra n'avait regardé la Charte octroyée que comme la condition de ressaisir le pouvoir et qu'il s'était bien promis de n'observer que suivant la nécessité et au gré de ses caprices, de la déchirer même au besoin; une partie des libéraux, de leur côté, ne la considéraient que comme une promesse forcée de les appeler au pouvoir, et ils comptaient bien trouver en elle les moyens de se faire craindre pour se faire accepter. Lorsqu'ils se virent enfin trompés dans leur espoir, ils firent une opposition qui devait bientôt amener une véritable déclaration de guerre, conséquence qu'ils étaient bien loin de prévoir et surtout de désirer. Ils furent pris au dépourvu, comme ces faux braves qui en viennent à des démonstra-

tions hostiles, croyant avoir à faire à un ennemi plus lâche qu'eux, et qui se trouvent,
contre leur attente, forcément appelés au combat. Aussi, lorsqu'ils virent les masses se jeter
hardiment sur le champ de bataille, ils auraient
préféré, s'il eût dépendu d'eux, une retraite
honteuse, et ne pas courir les chances d'une
lutte qui pouvait tourner à l'avantage du principe démocratique dont ils redoutaient le triomphe bien plus encore que celui du pouvoir ar-
bitraire ; car, pour eux, le peuple n'était qu'un
instrument dont ils se servaient pour arriver à
leur but, et l'issue du combat pouvait bien déjouer leurs espérances. Toutefois, la modéra-
tion du vainqueur après le combat leur fit espérer qu'ils pourraient facilement exploiter sa
victoire à leur profit. A dater de ce moment,
s'est groupée autour du trône de juillet une co-
terie dont tous les efforts ont été employés à
arrêter les conséquences légitimes de la révolution et à la réduire à un simple changement de
personnes, en cherchant peu à peu à ramener
les choses au point où elles étaient avant 1830.
Ce n'est pas qu'à cette époque il n'y eût aussi
tous les éléments d'un sage et juste progrès,
si l'on eût voulu les mettre en œuvre, si

l'on eût été de bonne foi. Les vrais amis de Charles X et de la monarchie n'étaient pas ceux à qui il donna sa confiance, et qui l'ont poussé à sa perte. Un aveuglement fatal avait pour ainsi dire frappé cette famille, en lui faisant prendre pour conseillers, dans toutes les circonstances critiques, des hommes aussi inhabiles qu'imprudents. Dieu veuille que notre jeune monarchie échappe à ce danger!

Quelque désir qu'on eût sans doute de voir la révolution de juillet rentrer paisiblement dans son lit, elle ne pouvait manquer d'avoir, dans toute l'Europe, un immense retentissement. La révolution de Belgique, celle de Pologne, les mouvements de l'Italie, la révolution espagnole en furent les conséquences; en accepter et vouloir en favoriser partout les développements pouvait avoir de grands dangers. Une conflagration générale en était infailliblement la suite. Qui peut prévoir où aurait conduit cet immense bouleversement? Ce n'est pas ici le cas d'examiner si, en s'appuyant sur la sympathie des peuples qui soupiraient après la liberté, la France n'aurait pas pu soutenir glorieusement la lutte et en sortir victorieuse.

Il y a des faits accomplis sur lesquels il ne

faut pas songer à revenir. La paix fut le but qu'on crut devoir atteindre. Pour y arriver, on dut se résigner à des concessions mutuelles. La France, pour sa part, ne les a-t-elle pas déjà poussées trop loin ? La Pologne a été abandonnée ; l'Italie est retombée sous le joug de l'Autriche ; la Belgique a été démembrée. N'est-il pas temps de s'arrêter ? Si on en exige encore d'elle, c'est alors un rôle de vaincu qu'on veut lui faire jouer ; ce ne sont pas des concessions qu'elle a faites, ce sont des défaites qu'elle a essuyées. Des défaites sans combat ! En serait-elle venue à ce point d'avilissement ? C'est qu'elle a été trompée.

Eh bien ! oui, elle a été trompée. Une fois maîtres des positions qu'ils avaient tant ambitionnées, ces hommes, dont nous parlions naguère, non seulement ont pensé que la révolution de juillet avait obtenu tout ce qu'elle avait droit d'attendre, mais qu'il fallait même la faire oublier et s'attirer, à force de concessions, l'amitié de la Sainte-Alliance. La révolution de juillet avait été pour les gouvernements absolus un coup de foudre. A cette proposition, ils relevèrent la tête. Quelque antipathie qu'ils eussent pour le trône des barricades, cet allié nouveau était trop puissant et trop dangereux pour allumer son courroux par un refus, et leur conduite nous rapelle la fable du lion amoureux qui consentit à se laisser limer les ongles et les dents.

C'est ainsi que la Sainte-Alliance fait payer à la révolution de juillet l'amitié trompeuse qu'elle lui promet par l'abandon successif de ses éléments de force, de ses alliés naturels, afin que, lorsqu'elle sera parvenue à l'isoler et à la rendre odieuse aux peuples qu'elle aura abandonnés et trahis, donnant l'essor à sa haine, jusqu'alors concentrée, elle puisse assouvir sur elle toute sa vengeance. C'est ainsi que bientot, si le bandeau qui lui couvre les yeux ne vient à tomber, elle la forcera à tourner ses armes contre la constitution espagnole ; c'est ainsi qu'elle exigera d'elle le rôle infâme que l'Europe conjurée voulut imposer à Louis XIV, lorsqu'elle le somma d'aller lui-même détrôner son petit-fils. Le vieux roi, quoiqu'accablé par l'âge, par ses revers et par les malheurs domestiques, en appela à son épée, et la victoire de Denain répondit à sa noble énergie. Cette énergie, la verrons-nous reparaître ? Car, n'en doutez pas, à force d'intrigues, et en provoquant des soulèvements de toute nature, on espère épuiser le gouvernement, déjà si affaibli, de la reine ; et, à la faveur de tous ces embarras, par un de ces coups de main hardis, comme on en a si souvent vus dans le cours de cette lutte, faire arriver le Prétendant jusqu'à Madrid. Une fois ce fait accompli, les puissances du Nord sont toutes disposées à le reconnaître ; et comme sans doute de toutes parts éclateront contre lui des insurrections, alors, faisant valoir des considérations d'humanité, qui, aujourd'hui, ne les émeuvent guère, elles déclareront qu'il est temps de mettre un terme à tous ces malheurs, à cette boucherie, qui est une honte pour la civilisation et un spectacle immoral pour les peuples, et elles demanderont, en faveur de don Carlos, l'intervention que la France refuse à l'Espagne constitutionnelle, et de nouveau il lui sera imposé le rôle qu'elle subit en 1823.

C'est sous le ministère passé, s'il eût duré plus long-temps, que ce plan devait recevoir son exécution. Et certes on s'y prenait avec habileté pour forcer le pays à rester paisible spectateur. On se souvient des lois qui furent présentées l'année dernière pour l'exécution de cinq grandes lignes de chemins de fers. On avait calculé qu'une fois lancée dans ces vastes opérations qui devaient nécessiter plusieurs années de travaux et une dépense de plusieurs milliards, la France, pour ne pas compromettre le succès de si grandes entreprises, qui auraient été d'ailleurs pour le gouvernement un immense moyen de corruption, aurait fermé les yeux et laissé s'accomplir la contre-révolution.

C'était en le faisant courir après la gloire que Napoléon empêchait le peuple de poursuivre la liberté. A l'époque où nous sommes, comme l'on n'a pas de gloire à offrir, c'est par l'argent qu'on espère obtenir le même résultat. Ce système a été largement et habilement exploité dans ces derniers temps par MM. Molé et Montalivet. Encore quelques années et on avait bien compté asservir la France au culte des intérêts matériels et la rendre indifférente à la politique qu'il aurait plu de suivre à l'intérieur et à l'extérieur.

Quel avenir compte-t-on préparer ainsi au pays en cherchant à détourner son attention des affaires, à la matérialiser, pour ainsi dire, et à éteindre le flambeau de toute croyance ? Il n'y a déjà plus de culte et d'hommages que pour le succès, et des élévations rapides et imméritées ayant fait naître dans tous les cœurs une fièvre dévorante de cupide ambition, tout le monde veut arriver d'un seul bond à la fortune. La patience, cette noble compagne de la vertu et du génie, semble avoir disparu de sur la terre depuis que l'on a vu l'apostasie et le népotisme servir avec tant d'impudeur d'échelons pour arriver au pouvoir et aux honneurs.

Nous trouvons dans notre histoire une époque où la corruption aussi était parvenue à son comble, où l'on ne portait aucun intérêt aux questions graves d'un avenir menaçant, triste époque, où le chef de l'État, oubliant aux pieds d'une courtisane qu'il était le petit-fils de Louis XIV, assistait impassible au premier démembrement de la Pologne, événement qui, plus tard, devait avoir pour la France de si funestes conséquences. Ce n'est pas que Louis XV n'en comprît toute la portée. On le vit même regretter un instant d'avoir sacrifié M. de Choiseul qui, certes, eût épargné à la France un semblable affront, mais il s'enveloppait dans son égoïsme, bien que déjà il sentît le trône chanceler sous lui, parce qu'il avait calculé qu'il se maintiendrait assez long-temps pour ne pas être témoin de sa chute. A Dieu ne plaise qu'on doive trouver dans nos paroles une allusion coupable; elle n'existe pas dans notre pensée, et nous savons que l'intérieur de la famille royale est un modèle de vertu. Toutefois, il nous est permis de protester contre la politique déplorable de MM. Molé et Montalivet, que la dernière Chambre elle-même, enfin mieux éclairée, avait condamnée, et dont le pays a fait justice aux élections. Ce n'est pas qu'il soit de notre goût de faire la guerre aux morts; mais il ne suffit pas que les hommes soient tombés, si le système devait leur survivre; il n'a déjà fait que trop de ravages.

Il y a sans doute, dans le pays, un grand besoin de calme intérieur, de repos; il y a aussi un immense besoin de progrès. Cependant la confiance manque; il y a indifférence, il y a abattement. C'est qu'un grand nombre de ceux qui ont accueilli avec enthousiasme la révolution de juillet craignent qu'on ne veuille en abandonner le principe. Veut-on ranimer cette foi presque éteinte, il ne faut pas oublier que, pour y parvenir, il faut autre chose que des paroles, des protestations. Il y a doute. Il faut donc une preuve. On élève une colonne sur la place de la Bastille; c'est une manifestation à laquelle le pays sera sensible. Toutefois, pour redonner de la confiance aux amis sincères de l'ordre et de nos institutions, en même temps que pour rendre impuissants et faire évanouir les projets coupables de ces insensés qui, le mois dernier encore, ont ensanglanté les rues de la capitale, il faut quelque chose de plus convaincant, il faut une démonstration claire, patente, une preuve enfin qui lève tous les doutes. Il n'en est aucune qui puisse être mieux accueillie que la volonté ferme d'obtenir le triomphe de la révolution espagnole, parce que ce sera une réponse péremptoire à ceux qui reprochent au gouvernement de vouloir abandonner le principe de la révolution de juillet, et qui l'accusent de manquer de dignité dans ses relations avec les puissances du Nord.

Ce n'est pas que l'intervention doive être considérée comme un défi qu'on veut leur jeter. La France a fait assez de concessions pour qu'on soit convaincu qu'elle veut la paix. Mais elle ne peut la vouloir qu'honorable et sûre, et pour qu'elle le soit, il faut qu'à son tour elle obtienne des concessions; et l'Espagne est le seul

point où une question de principes soit encore
en suspens. C'est là qu'elle doit rester maî-
tresse du terrain. D'ailleurs, l'Espagne aux abois
lui tend les bras, aucune puissance ne peut lui
prêter des vues d'agrandissement; par son voi-
sinage, c'est elle qui souffre le plus de la guerre
civile, et tous les cœurs généreux demandent
enfin qu'il y soit mis un terme. Que la question
de l'intervention soit ainsi posée, et posée avec
énergie, l'on verra si le pays n'est pas pour
elle, si la France ne reste pas libre d'agir; et
avec cette vigueur et cette franchise, le résultat
ne se fera pas long-temps attendre.

C'était là la politique de M. Thiers, et nous
ne craindrons pas ici de manifester nos regrets
de voir écarter des affaires l'homme qui a le
mieux compris la question espagnole, lorsqu'on
semble vouloir se rapprocher de son système, et
obéir, quoique timidement, à ses inspirations.

Le renversement du ministère du 15 avril est
arrivé, surtout par suite de la désapprobation
de la dernière Chambre à la direction donnée
par M. Molé aux affaires extérieures. M. Thiers
est celui qui lui a porté les plus rudes coups;
et le pays a hautement sanctionné ce vote désap-
probateur. Il avait pris en dégoût cette politique

qui consistait à ne rien faire, et à attendre impassible les événements, et qui nous exposait à être partout pris au dépourvu. Cela ressemblait trop à un aveu d'impuissance, et pouvait-on l'imposer long-temps à un peuple ardent, vif, plein d'énergie, parce qu'il sent sa force, qui lui suffisait naguère pour lutter contre l'Europe entière conjurée. Conserver la paix est aujourd'hui le vœu le plus ardent des hommes sages et amis du progrès; et, quoique aussi bien et mieux qu'aucun autre disposé à la guerre, le peuple français, après la révolution de juillet, en a donné des gages. La guerre alors eût été une guerre de propagande, et il a compris qu'il y avait danger, quelque légitime que fût une révolution, de la voir périr pour vouloir en exagérer le principe. Mais ce danger n'est pas le seul. Elle périra aussi, si l'on veut en arrêter les justes conséquences et en étouffer le principe. Le premier danger est passé; le moment est venu de parer au second. Ce qui fait aujourd'hui la force de M. Thiers, c'est de l'avoir compris, et de se montrer fidèle à cette politique. Toutes les calomnies auxquelles il a été en butte ne peuvent rien changer à la force de cette position.

Les événements ne viennent-ils pas lui donner raison et faire reconnaître la justesse de son coup d'œil et de ses prévisions?

Les plus graves intérêts de l'Europe sont au moment d'être mis en jeu en Orient. La France est appelée à y jouer un grand rôle. La solution de la question espagnole par la France lui eût mis en main des ressources immenses. Elle eût donné du relief à son crédit. Elle l'eût relevée aux yeux de l'Europe. Les aveux à la tribune d'un des ex-ministres ont fait connaître qu'il en était besoin. De plus, la Méditerranée est destinée à devenir le champ de bataille où se videra ce grand différend, et l'expérience nous a appris en maintes circonstances de quelle importance il était pour la France d'avoir l'abri des admirables ports de l'Espagne et la coopération de sa marine. Car l'Espagne pacifiée, comme riveraine de la Méditerranée, avait droit de prendre part à la lutte. Et comme il faut tout prévoir dans une question d'une si haute gravité et qui peut avoir de si grandes conséquences, une telle complication d'événements ne peut-elle pas survenir qu'il y eût grand danger pour la France à ne pas être garantie du côté des Pyrénées?

Il est temps encore d'agir. Le moment même est favorable, car l'Europe entière a les yeux tournés vers l'Orient et don Carlos est affaibli par des défaites récentes.

M. Thiers, comme la personnification la plus brillante du principe que les dernières élections ont voulu faire triompher, nous semblait, il est vrai, le plus propre à mettre la main à l'œuvre. Mais enfin il y a dans le ministère actuel des hommes capables qui ont partagé avec M. Thiers les honneurs de la dernière campagne, qui ont soutenu avec énergie la cause de la reine. Et pourvu que le bien arrive, nous l'accepterons avec joie, car nous avons dit, et notre opinion n'est pas changée, que nous ne croyons pas aux hommes nécessaires.

Mais ce n'est pas une raison pour ne pas reconnaître l'utilité du concours d'un homme supérieur, pour ne pas même l'approuver, suivant les circonstances, dans son ambition. Car, sous un gouvernement représentatif, lorsque dans un homme public qui a fait ses preuves, elle est la conséquence de sa conviction et de sa force, nous ne craindrons pas de dire qu'il a le droit d'être ambitieux. Lorsqu'il sent au fond de son cœur des vérités utiles, c'est même un devoir pour lui de s'efforcer d'atteindre le sommet de la montagne, pour que de là il puisse au loin faire entendre sa voix. Les circonstances sont-elles graves, il ne doit pas craindre, quand la conviction de l'utilité de sa coopération est dans son âme, quand il se sent la main assez ferme pour diriger le gouvernail, il ne doit pas craindre de se présenter pour le saisir. Si le pouvoir est engagé dans une mauvaise voie, il ne lui suffit pas de proclamer qu'il fait fausse route; s'il se sent plus propre à conduire le vaisseau de l'Etat, ses prétentions sont légitimes de vouloir être pilote à son tour. Et s'il est vaincu dans l'arène politique, l'estime et le regret l'accompagneront dans sa retraite comme ils ont fait dans ces derniers temps à l'égard de M. Thiers.

Maintenant nous dirons qu'il y aurait injustice à ne pas reconnaître que le cabinet actuel est animé, à l'égard de l'Espagne, d'intentions plus bienveillantes que celui du 15 avril. La déclaration formelle de M. Dufaure de n'accepter à aucun prix le triomphe de don Carlos, opposée à celle de M. Molé, de ne jamais consentir à une intervention contre ce

prince, est une preuve qu'il y a désir, volonté
d'un changement de politique dans les affaires
d'Espagne. Sortant de la bouche de M. le ministre des travaux publics, cette déclaration a
de la force, de la valeur, parce que l'on ne
saurait suspecter la franchise de son caractère.

L'ordre règne à Varsovie. Personne n'a oublié
ces paroles qui apprirent à la France con-
sternée la chute de la Pologne. Avec le système
de M. Molé, on devait s'attendre à le voir un
jour monter à la tribune pour annoncer aussi
que l'ordre règne à Madrid. Il l'aurait annoncé
sans doute comme un immense malheur, et
puis, il serait venu invoquer la théorie des
faits accomplis.

Le ministère actuel a déclaré qu'il ne serait
pas le continuateur de cette politique, et que
si le danger devenait imminent, il ne reculerait pas devant l'intervention.

Ainsi donc, il veut le triomphe de la reine,
et à aucun prix il ne consentira à celui de
don Carlos. Telles sont ses intentions. Pour
les réaliser, il augmente le nombre des vais-
seaux qui croisent sur les côtes, avec ordre
aux commandants de transporter les troupes

de la reine d'un point à un autre, quand ils en seront requis. A la frontière, il rendra la surveillance plus sévère, pour empêcher le passage d'hommes et de munitions. Et s'il le faut absolument, il interviendra directement.

C'est beaucoup plus, sans doute, que sous le ministère passé, puisque ici, au lieu de l'indifférence malveillante de M. Molé pour la révolution espagnole, il y a toute la force de l'appui moral d'un puissant allié. Toutefois, le dernier moyen, le moyen véritablement efficace, n'est qu'une promesse, une espérance. Or, pour ceux qui ont suivi d'un œil attentif la marche des événements, il faut pour sauver l'Espagne quelque chose de puissant et d'énergique. On dira que le gouvernement espagnol se montre satisfait. Au moment où il se croyait tout-à-fait abandonné, on lui montre de l'intérêt, on témoigne de la sympathie pour sa cause; il a accueilli avec joie ce changement de politique. On ferait moins pour lui qu'il se serait encore montré reconnaissant. A-t-on oublié que l'année dernière, au moment où les Cortès, en désespoir de cause, voulaient s'adresser aux Chambres, M. Molé fit tous ses efforts pour empêcher cette démarche, et qu'à l'aide de quelques promesses, au lieu d'une adresse de l'Espagne à la France, il obtint du gouvernement espagnol une lettre de remercîments.

Si enfin il y a péril, on ne reculera pas devant l'intervention. Aujourd'hui l'intervention est possible, elle présente moins de difficultés que jamais. Parce que de récentes défaites ont affaibli don Carlos ; parce que sa conduite, à l'égard de Maroto, l'a rendu, aux yeux même de ses partisans, un objet de honte et de mépris, et que c'est un moment favorable pour frapper un ennemi déconsidéré ; parce que, enfin, les dernières discussions à la Chambre des députés, sur la politique extérieure, ont fait voir combien le pays était disposé à accueillir une politique ferme et en harmonie avec la dignité de la France.

Vouloir attendre pour intervenir qu'il y ait péril, que don Carlos, par exemple, soit aux portes de Madrid, n'est-ce pas s'exposer à ne vouloir que lorsque les difficultés seront immenses, et que peut-être l'on ne pourra plus. Car enfin, le système des amis de don Carlos est de gagner du temps, de laisser s'attiédir le zèle des partisans de la reine, de laisser venir

un moment où l'abattement et le désespoir seront tels en Espagne, que, pour en finir, on
sera prêt à accepter qui que ce soit ; et d'ailleurs, ce moment ne pourra-t-il pas arriver,
au milieu de complications et d'embarras sur
d'autres points, qui ne laisseront pas le gouvernement maître d'agir ? Et quel moment
pour intervenir, que celui où don Carlos aura
plus de chances que jamais ! où les populations
se tourneront vers lui ! Outre les difficultés
matérielles de l'entreprise qui seront devenues
plus grandes, que pourra répondre le gouvernement français, lorsque les puissances du
Nord lui objecteront que c'est agir contraire-
ment au principe de la souveraineté nationale,
principe auquel il doit son existence. Avec
M. Molé il y avait indifférence, malveillance
même ; aujourd'hui il y a bienveillance, mais
bienveillance inactive. Dans le premier cas,
il y avait certitude de voir périr la révolution
espagnole ; dans le second, il y a danger. Et
qu'on n'oublie pas que, pour les événements
qui se préparent, l'Espagne est le point d'appui
géographique, le point d'appui nécessaire de
la France.